SUN TZU

スンツ

Tradução e adaptação de

ANDRÉ DA SILVA BUENO

SUN TZU

A ARTE DA GUERRA

OS TREZE CAPÍTULOS ORIGINAIS

Jardim dos Livros

SUN TZU – A ARTE DA GUERRA

TÍTULO ORIGINAL:
SUN ZI BING FA

Novembro de 2023

Grafia atualizada segundo o Acordo Ortográfico da Língua Portuguesa de 1990, que entrou em vigor no Brasil em 2009.

Editor e Publisher
Luiz Fernando Emediato

Tradução
André da Silva Bueno

Revisão
Gabriel Kwak

DADOS INTERNACIONAIS DE CATALOGAÇÃO NA PUBLICAÇÃO (CIP)
(Câmara Brasileira do Livro, SP, Brasil)

da Silva Bueno, André
A arte da guerra: os treze capítulos originais /
Sun Tzu; adaptação e tradução de André da Silva Bueno.
-- São Paulo: Jardim dos Livros, 2023.

Título original: Sun zi bing fa
Bibliografia.

ISBN 978-85-8130-389-5

1. Arte e ciência militar – Obras anteriores a 1800
I. Sun Tzu, séc. 6 a.C. II. Título.

09-3821 CDD: 355

Índices para catálogo sistemático

1. Arte e ciência militar 355

EMEDIATO EDITORES LTDA
Rua João Pereira, 81 – Lapa
CEP: 05074-070 – São Paulo – SP
Telefone: (+ 55 11) 3256-4444
E-mail: geracaoeditorial@geracaoeditorial.com.br
www.geracaoeditorial.com.br

Impresso no Brasil
Printed in Brazil

"O verdadeiro objetivo da guerra é a paz."

Sun Tzu

SUMÁRIO

Introdução

Quando fui gentilmente convidado a realizar esta tradução do Sunzi Bingfa – *A Lei da Guerra de Sunzi* – imaginei se não estaria tentando concorrer com uma série de outras versões abalizadas, feitas por sinólogos e literatos de respeito, o que deixaria meu trabalho redundante. No entanto, ao examinar algumas traduções, comecei a perceber que a questão não era tão simples assim. Existem muitas tentativas de traduzir a obra de Sunzi, e algumas são péssimas; além disso, grande parte é feita em outra língua, antes de ser vertida para o português, processo no qual muitas informações relevantes se perdem. Por conta disso, comecei a notar que seria de grande valia realizar uma tradução desse texto diretamente para o nosso idioma, adaptando o que fosse necessário para uma melhor compreensão dele.

Um dos primeiros pontos trata justamente do título da obra. Convencionou-se traduzir "Bing fa" como "Arte da Guerra", o que discordo desde o início. "Fa" é uma palavra que denomina, mais apropriadamente, "Lei" ou "Regra". Ela é dura, fixa, e acopla seu sentido à questão da guerra, "Bing". A inspiração para traduzir "Fa" como "Arte" veio dos manuais homônimos ocidentais, como o *Arte da Guerra* de Clausewitz. Com o tempo, a convenção e as modas prevaleceram sobre a razão e o cuidado na tradução.

A tendência em fazer versões estilizadas de *Lei da Guerra* foi sempre uma maldição para este livro. O Padre Amiot fez a sua em 1772, com uma linguagem rebuscada que poderia transformar o livro quase num romance; Lionel Gilles, em 1910, fez sua versão na qual dá uma "tradução exata" de alguns termos que mesmo os chineses têm dificuldade de explicar; mas a que popularizou o texto – pasmem – foi a de James Clavell, autor de romances como *Xógum* e *Taipan*, o que nos dá um indicativo de como a obra tem sido analisada até então...

No entanto, o texto de Sunzi é redescoberto de tempos em tempos. Recentemente, ele foi adotado como manual de estratégia por empresários de todo o mundo. Foi muito lido pelos melhores generais da atualidade (e como vocês verão, algumas partes do livro parecem ser perfeitamente aplicáveis às guerras recentes que temos testemunhado). Na academia, estuda-se a possibilidade de Sunzi ter sido um pensador tão importante na China Antiga quanto foram Confúcio ou Laozi.

O que apresento agora, portanto, é minha versão de *Lei da Guerra* de Sunzi. Os critérios adotados para realizá-la serão descritos adiante, bem como algumas informações pertinentes para entender o contexto histórico da obra. Espero que sua leitura seja gratificante, tanto quanto os antigos legaram seus escritos para que as gerações futuras pudessem compreender seus pensamentos.

André Bueno, 2009.

Do Chinês para o Português

Mesmo sendo um dos textos mais traduzidos para línguas ocidentais, a *Lei da Guerra* carece, estranhamente, de uma tradução direta para o português. Isso se deve a uma tendência muito própria, no mundo Lusófono, de acomodar-se à existência de traduções anteriores, feitas em outros idiomas, que parecem ser mais simples de traduzir que o próprio chinês. Acredito que essa postura é lastimável e mostra uma submissão intelectual tremenda em nosso país – a de que sempre poderemos contar com intermediários culturais e tecnológicos, quando poderíamos, nós mesmos, construir conhecimento. Em termos de estratégia, Sunzi ficaria estarrecido, com certeza, diante desse abandono intelectual dos estudiosos brasileiros em relação à Ásia. Somente num período recente de nossa história alguns clássicos chineses têm sido traduzidos diretamente do chinês para o português, como no caso das obras confucionistas traduzidas pelo Padre Guerra, de Macau.

Mas o que se ganha fazendo uma tradução direta do chinês? Inicialmente, dominar a língua chinesa é compartilhar do idioma mais falado e escrito em todo o mundo (ao contrário do que muitos pensam, não é o inglês que detém a primazia...); segundo, que o chinês é uma língua com potenciais incríveis – como ela é representada por sinais (pictogramas ou ideogramas), e não por um alfabeto, um estudante pode aprender a ler em chinês sem saber pronunciar uma palavra sequer! Esta, com certeza, é uma das razões de sua durabilidade; por conseguinte, sendo uma língua antiga e viva, ela permite que o leitor entre em contato direto com textos que foram escritos séculos atrás, fazendo uma ligação com o passado que nos é quase incompreensível.[1]

Por conta disso, o leitor que já tenha visto outras traduções da obra de Sunzi vai reparar em algumas características bem específicas desta nossa versão: uma delas diz respeito, por exemplo, ao tom utilizado ao longo de todo o texto, quase sempre imperativo. Sunzi está praticamente dando ordens, ou recomendações para serem seguidas à risca, não são conselhos para meditar. Eles devem ser empregados para fazer planos pragmáticos, nos quais vidas estão em jogo. Eis a razão pela qual, como citei logo no início, optei por traduzir "Fa" por "Lei", e não "Arte". O que há, aqui, é um método, tecnicamente raciocinado após uma observação profunda sobre a realidade das operações de combate. Tal experiência é categórica e afirmativa.

Do mesmo modo, dispensei nesta tradução o uso de um português arcaico, como se nos tempos antigos as pessoas somente se comunicassem por uma linguagem culta e erudita, muito comum nas versões que incluem o "Vós sois", "desejais" ou "pensais", etc. Isso não faz a mínima diferença para o chinês clássico do qual estamos traduzindo, que em sua natureza era simples, direto, sintético e elegante. Seria no mínimo curioso imaginar que os chineses usariam essas expressões rebuscadas

1. Permitam-me fazer uma analogia: se quiséssemos estudar um texto de Roma, por exemplo, teríamos que aprender outra língua, o Latim; os chineses, no entanto, estão estudando e falando hoje quase o mesmo "latim" de seus ancestrais milenares.

apenas porque elas são antigas. Lembremos que a gramática dos tempos clássicos é mais simples do que a de hoje. Por essas razões, creio que o uso de uma linguagem franca e direta é bem mais fiel aos princípios gerais da obra.

No mais, deve-se perceber que em muitos momentos o texto se torna repetitivo, utilizando uma mesma fórmula (como, por exemplo: "quando alguém faz...", "quando alguém vem...", ou "a isto se chama...", "existem cinco coisas", etc.). Essa era uma forma usual dos pensadores chineses criarem um texto esquemático, que pode ser memorizado mais facilmente. Tal como outros filósofos da época, Sunzi empregou esse recurso várias vezes ao longo do livro, e se notará que, de fato, eles ajudam na apreensão do conteúdo proposto.

O mesmo pode ser dito, também, sobre a forma como Sunzi constrói as frases e períodos ao longo do texto. Essa estrutura simples e direta é própria dos textos chineses antigos, e visa ser curta e objetiva, tornando o texto uma sequência lógica de máximas, comandos ou frases pequenas de rápida absorção. Quem ler, por exemplo, os textos de Confúcio, tal como o Lunyu (Diálogos), perceberá que era bastante comum a construção de textos rápidos e sucintos, capazes de exprimir em poucas palavras um sentido completo. A ideia da sabedoria proverbial chinesa nasce, em verdade, desse objetivo comum aos pensadores chineses antigos: dizer em poucas palavras tudo que precisa ser dito. Que não se estranhe, pois, se o texto pode parecer demasiado simples: de fato ele o é. Um manual de estratégia militar dispensa toques rebuscados ou floreios desnecessários.

Quem foi Sunzi?

A única biografia de que dispomos de Sunzi, presente nos Registros Históricos (Shiji) de Sima Qian[2], não informa quase nada sobre sua história. As datas usuais para a época em que teria vivido – em torno do século VI a.C. – não são aceitas nem mesmo pelos comentaristas chineses, que preferem acreditar que ele teria vivido (se existiu) dois a três séculos depois.

Nesse contexto, é preciso compreender a produção de *Lei da Guerra* para inferir sobre a possível existência de Sunzi.

A *Lei da Guerra* teria sido escrita durante o período dos Estados Combatentes (aproximadamente 481-221 a.C.), época calamitosa para a China Antiga, quando a antiga casa dinástica dos Zhou começou sua agonia final, e os reinos mais poderosos – Qi, Qin, Chu, Zhao, Han, Yen e Wei – empreenderam uma luta mortal para assumir o poder absoluto.

A guerra vinha sofrendo uma mudança drástica em seu perfil. Nos séculos anteriores, combates cavalheirescos e batalhas com poucas mortes eram comuns. No entanto, o objetivo da guerra – o domínio do território, a submissão do inimigo – eram transformados em promessas de fidelidade, em contratos de cessão administrativa ou ainda, na

2. Nesta tradução, empregaremos o sistema de transliteração de nomes chineses Pinyin.

conquista efêmera de territórios que em breve voltavam a ser objeto de disputas intermináveis.

As regras da guerra tradicional não valiam mais para os objetivos em jogo. Uma famosa passagem na literatura confucionista, presente em *Anais das Primaveras e Outonos* (Chunqiu) ilustra bem esse problema: numa determinada ocasião, o Duque de Song foi dar combate às tropas de Chu, e chegou ao local da batalha antes. Nesse momento, as forças de Chu atravessam um rio, e estavam em posição totalmente desvantajosa. Mesmo tendo a oportunidade de atacar, o Duque de Song resolveu esperar que as forças de Chu saíssem da água e se alinhassem, pois atacá-los de outro modo não seria nobre nem cavalheiresco. O resultado: as tropas de Song foram vencidas, o Duque ferido e os oficiais liquidados.

Essa passagem foi motivo de controvérsia entre os comentadores e moralistas da época: como pode uma pessoa nobre ser derrotada pelo ardil? Como alguém de espírito superior poderia ser vencido pelas circunstâncias? O tratado de Sunzi veio dar uma resposta para esses problemas. Em seu entendimento, a estratégia seria o meio pelo qual se conquista o poder; e tendo o poder, se conseguiria fazer tanto o certo quanto o errado. No entanto, nada pode ser feito se a reação não for apropriada; ou, como disse Edmund Burke, "o mal só prevalece porque os bons não fazem nada".

Sendo assim, o texto demonstra claramente a mudança de mentalidade acerca dos conflitos militares, e esse processo se inicia, justamente, no tempo dos Estados Combatentes, o que tornaria um tanto complicada a existência de Sunzi em um período anterior.

Além disso, algumas passagens do livro mostram, claramente, incorporações de termos que só existem depois do século 4 a.C. (tal como "besta", por exemplo, arma que surge ao longo do período de conflito, e inexistente no século 6 e 5 a.C.), o que aponta a possibilidade do texto ser tardio.

As Cem Escolas de Pensamento

Uma marca fundamental do período dos Estados Combatentes foi o aparecimento de várias escolas filosóficas, que tinham por objetivo auxiliar a sociedade a encontrar uma solução para esses conflitos. Esse longo período histórico ficou conhecido como época das "cem escolas de pensamento", e tem suas raízes no século 6 a.C.

A importância de saber um pouco mais sobre essas escolas nos ajuda a compreender a construção do texto de Sunzi. Nele, estão presentes diversos conceitos defendidos pelos mais variados pensadores da época, demonstrando que o *Lei da Guerra* seria um texto resultante da síntese de várias leituras diferentes.

As principais linhas filosóficas desse período foram o confucionismo, o daoísmo, o moísmo, e o legismo. Muitas outras poderiam ser citadas, mas nos cabe aqui citar aquelas que, objetivamente, parecem ter alguma relação com a *Lei da Guerra*.

O Confucionismo e o Daoísmo seriam as mais antigas de todas, tendo surgido antes mesmo do período dos Estados Combatentes, em torno do século 6 a.C. O moísmo e o legismo teriam surgido depois, como formas de radicalização do processo de discussão intelectual da época. Todas essas escolas buscavam, no entanto, um Dao (ou Tao, numa grafia mais popular) que pudesse pôr novamente o mundo em ordem. A palavra Dao não tem uma tradução exata, mas pode ser chamada apropriadamente de "Caminho", "Via" ou mesmo "Método".

Assim, os confucionistas propuseram um caminho baseado na educação e no humanismo, resgatando o mundo por meio da busca pela sabedoria; os que se chamaram daoístas afirmavam que o Dao seria um só, a natureza original, e defendiam um desprendimento da sociedade mundana; os moístas pregavam uma destruição da cultura de elite, e a formação de uma espécie de comunismo primitivo, cujos alicerces seriam as sociedades camponesas; por fim, os legistas acreditavam que a reordenação do mundo só poderia ser feita em novas bases, tais como a abolição do passado e a promulgação de leis reguladoras da realidade, "Fa". Essa última escola, em especial, será de nosso interesse particular.

Os legistas foram muito bem sucedidos em seus propósitos, assessorando o Estado de Qin, conseguindo reunificar a China, no século 3 a.C., e criando a dinastia homônima, famosa pelos guerreiros de terracota de Xian, a Grande Muralha e os crimes terríveis de seu regime despótico. Não se pode dizer, porém, que os seguidores da Escola Legista ("Fajia", ou escola da Lei) não foram peritos em estratégia – ao menos, até assumirem o poder. A questão é que, em vários momentos do livro de Sunzi, algumas das propostas legistas aparecem nitidamente, tais como: o sistema de punição e recompensa, a insistência constante na ordenação por regras (ou leis, "Fa"), o propósito da vitória, a primazia da guerra nas relações exteriores, etc. Quem ler os autores legistas, tais como Shang Yang e Hanfeizi encontrará, nitidamente, a defesa desses conceitos.

A pergunta, porém, é: Sunzi seria um legista, teria influenciado ou sido influenciado pelos legistas? Creio que qualquer uma dessas respostas seria uma aposta arriscada, mas é bem provável que Sunzi fosse um leitor de todas elas, com preferência pelos legistas. No entanto, conceitos confucionistas e daoístas surgem ao longo do seu texto, o que denota certa autonomia intelectual.

Devemos notar, contudo, que os capítulos de Sunzi parecem se contradizer em alguns momentos. O mesmo Sunzi que diz, por exemplo, para não colocar os soldados em risco, é aquele que, no final do livro, diz que estes devem ser expostos ao perigo, para lutarem ferozmente. A busca de uma coerência interna no texto pode nos levar a justificar algumas dessas contradições como especificidades de uma determinada situação, ou caso: mas, sabendo que o texto final em chinês de que hoje dispomos vem de uma versão oficial escrita no início do século XVIII, e recheada de comentários, não seria impossível admitir que Sunzi seria uma figura fictícia, encobrindo sutilmente os especialistas militares dos tempos antigos que o redigiram. Isso faz todo o sentido, já que o próprio livro o propõe.

Houve uma Escola dos Estrategistas?

Poderíamos nos perguntar se não houve, igualmente, uma escola dos estrategistas, posto que o livro de Sunzi teve seus continuadores. Para fazer tal afirmação, precisaríamos entender qual seria o caminho (Dao) proposto por Sunzi, coisa que, com efeito, não ocorre no livro – no 1º capítulo, uma citação breve nos permite supor que possa ser qualquer um, desde que bem empregado.

No entanto, Sunzi defende a estratégia e a eficácia como conceitos fundamentais na efetivação de qualquer um desses caminhos. "Estratégia" e "Eficácia" são, pois, dois conceitos que poderiam ilustrar uma busca de sentido nas obras dos estrategistas. Foi o sinólogo François Jullien, em sua obra *Tratado da Eficácia* (1997), que apontou para a necessidade permanente, em qualquer discurso filosófico chinês, de que este se apresente como uma fórmula eficaz e efetiva de aplicação e resolução de problemas – caso contrário, ele estará fadado ao desaparecimento.

E do que trata o livro de Sunzi, senão justamente da vitória na guerra? A analogia poderia ser aplicada à vida comum? Desde sua época até os dias de hoje, a obra foi vastamente comentada, principalmente durante a época dos Três Reinos

(220-580 d.C.), na Dinastia Tang (618-907) e na Dinastia Song (960-1279). Recentemente, descobriu-se também o texto de um suposto descendente de Sunzi, chamado Sunbi, que resolveu escrever sua própria *Lei da Guerra*, mas muito ainda está para ser aproveitado e estudado em relação à obra de Sunzi, que está longe de se esgotar. Seguem-se, então, os treze capítulos originais do Sunzi Bingfa, para uma apreciação direta do leitor sobre esta obra fundamental.

I

AVALIAÇÕES

"A GUERRA É DE VITAL IMPORTÂNCIA PARA A NAÇÃO."

Sunzi disse:

"A guerra é de vital importância para a nação. É o domínio da vida ou da morte, o caminho para a sobrevivência ou a destruição. É necessário avaliá-la corretamente."

Existem cinco coisas que devemos conhecer para prever o desfecho de uma guerra:

Primeiro, o caminho[3]; segundo, o tempo; terceiro, o terreno; quarto, a liderança e quinto, as regras.

PRIMEIRO – CAMINHO

O Caminho significa aquilo que faz com que o povo esteja em harmonia com seu governante, seguindo-o onde for, sem temer o perigo, a vida ou a morte.[4]

SEGUNDO – TEMPO

O Tempo significa o Yin e o Yang, a mudança das estações.

TERCEIRO – TERRENO

O Terreno significa as distâncias, a facilidade do movimento, os espaços abertos ou fechados e a possibilidade de sobreviver.

---

3. Como afirmamos aqui Sunzi utiliza, especificamente, o termo Dao – caminho, método – em sua perspectiva ampla e abrangente.

4. Uma vez, um discípulo perguntou a Confúcio (551-479 a.C.), fundador do que seria a escola dos letrados (também conhecida como Confucionismo), quais as três coisas fundamentais para se ter um bom governo. Confúcio respondeu: um bom exército, comida e confiança nos líderes. O discípulo voltou a insistir, querendo saber se era possível retirar algum desses itens e continuar a se ter um bom governo. Confúcio novamente respondeu: "sem um exército, um povo bem alimentado e confiante luta; sem comida, um povo que confia nos seus líderes faz qualquer coisa. Pode-se ter um bom governo sem comida e sem exército, mas sem líderes confiáveis, mesmo um país rico e bem guardado está fadado à ruína".

QUARTO – LIDERANÇA

A Liderança deve conter sabedoria, sinceridade, humanismo, coragem e disciplina.

QUINTO – REGRAS.

As Regras significam Organização, Hierarquia e o Aprovisionamento regular.

Essas cinco coisas devem ser conhecidas por cada general. Quem as sabe, vence; quem não sabe, perde.

Ao planejar, devemos também pensar em sete fatores fundamentais, pesando-os com cuidado:

1. *Qual governante segue o caminho?*
2. *Qual o líder mais talentoso?*
3. *Que exército aproveita o terreno?*
4. *Que exército tem as melhores regras?*
5. *Quais as tropas mais fortes?*
6. *Qual exército é mais bem treinado?*
7. *Qual exército administra as recompensas e castigos de acordo com as regras?*[5]

---

5. Disse o filósofo legista Hanfeizi (? – 233 a.C.): "Os meios pelos quais uma lei inteligente controla seus ministros são os 'dois punhos'. Os dois punhos são a punição e a recompensa. E o que significam o castigo e a recompensa? Quando se inflige a morte ou a tortura em cima dos culpados, é chamado castigo; já os incentivos para homens do mérito são chamados de recompensa. Os ministros são receosos da censura e da punição, mas são afeiçoados ao incentivo e à recompensa. Consequentemente, se o senhor dos homens usar os punhos do castigo e da recompensa, todos os ministros temerão sua severidade e por seu turno, sua liberdade".

Estude esses sete fatores fundamentais. Assim, se pode saber quem vai vencer e quem vai perder.

O general que seguir meu conselho vencerá e irá liderar. O que não me ouvir será derrotado e não deverá liderar.

O general sábio deve criar situações que lhe sejam favoráveis. Isso significa tirar partido do campo, do tempo e das vantagens que apareçam.

A Lei da Guerra se baseia no engano.

Finja ser incapaz quando puder atacar e ser capaz quando não puder.

Se está longe, pareça estar perto; se perto, pareça estar longe.

Use iscas para atrair o inimigo.

Ataque o inimigo quando ele está em desordem; evite-o quando ele está forte; irrite-o fazendo confusão; estimule sua arrogância simulando fraqueza.

Se as tropas inimigas estão em ordem, tente bagunçá-las; se estão unidas, semeie a discórdia. Ataque-as quando não estiverem preparadas; apareça repentinamente. Esses são os meios seguros para a vitória.

Se as avaliações indicam a vitória, é porque foram feitas de modo apropriado e mostram que suas forças são maiores que do inimigo; se as avaliações indicam a derrota, é porque são desfavoráveis e mostram que suas forças são inferiores a do inimigo. Com bons cálculos, se pode vencer; com poucos, não; quem não os fizer, não tem a mínima chance. Quem faz corretamente as avaliações verá o resultado surgir com clareza.

II

O COMBATE

"O GENERAL QUE COMPREENDE A GUERRA É O MINISTRO DO POVO E O PROTETOR DA NAÇÃO."

Sunzi disse:

Quando começa a batalha, mesmo que esteja ganhando, não se demore muito ou suas tropas vão se desanimar e perder a vontade. Num cerco, sua força vai se exaurir; se seu exército está em campo há muito tempo, os mantimentos vão acabar.

Se as tropas estão cansadas, suas armas gastas, seus mantimentos escassos e a vontade se foi, a intriga, o motim e as más influências dos inimigos vão se manifestar em breve. Mesmo os bons conselheiros não poderão resolver isso, nem fazer planos para o futuro.

Por essas razões, já ouvimos falar de guerras rápidas, torpes e eficazes, mas nunca de uma guerra longa que fosse inteligente.

Nunca houve guerra longa que fosse benéfica para qualquer um dos reinos envolvidos.[6]

Assim sendo, quem não sabe as desvantagens do uso das armas, não sabe também as vantagens, e não deve usá-las.

Quem sabe usar as armas, não convoca seu exército duas vezes nem lhe dá três refeições.[7]

Evite usar as armas e os mantimentos de seu país; tire-os do inimigo, e assim estará bem abastecido.

6. Isso está mais do que claro nas guerras atuais; a primeira invasão do Iraque, por exemplo, foi considerada um sucesso; a segunda guerra do Iraque, bem como a guerra do Afeganistão ou como foi a do Vietnã, são consideradas tragédias que deveriam logo acabar por uma substancial parcela da opinião pública.

7. Uma expressão que significa: não os convoca irresponsavelmente, nem em demasia; não os alimenta além do necessário, o que significaria uma campanha longa.

Quando uma região está empobrecida por causa da guerra, é necessário trazer alimentos de longe, e isso só torna o povo mais carente.

Onde o exército estiver, os preços serão altos. Preços altos esgotam a riqueza e com isso o povo será extorquido por impostos pesados; assim, haverá crise e esgotamento do campo.[8]

O povo perderá sete décimos de tudo que produz. O governo gastará com as armas e provisões seis décimos de tudo que arrecadar.

Por essas razões, um bom general é aquele que se mantém à custa do inimigo; cada quilo roubado equivale a vinte dos seus.

O que destrói o inimigo é a raiva, e as provisões roubadas são a recompensa.

Numa batalha de carros, recompensa primeiro o que tomar ao menos dez carros. Troque suas cores e utilize-os misturados aos seus.

Trate bem os prisioneiros.

Isso se chama vencer o inimigo e aumentar suas forças.

O mais importante em uma guerra é a vitória e não a persistência. Nunca se prolongue. O general que compreende a guerra é o ministro do povo e o protetor da nação.

---

8. Essas ideias econômicas estão presentes no Livro de Shang Yang, autor legista (? – 333 a.C.).

III

ESTRATÉGIA DE ATAQUE

"A HABILIDADE SUPREMA NÃO CONSISTE EM GANHAR CEM BATALHAS, MAS SIM EM VENCER O INIMIGO SEM COMBATER."

Como regra geral, é melhor conservar um inimigo intato do que destruí-lo. Destruir um país o leva à ruína e diminui o seu valor.

É melhor capturar todo um exército que destruí-lo; preservar um batalhão inteiro, do que arrasá-lo.

A habilidade suprema não consiste em ganhar cem batalhas, mas sim em vencer o inimigo sem combater.

Numa guerra, portanto, é fundamental destruir os planos do inimigo.

Depois, destrua suas alianças.

Enfim, ataque suas tropas.

Numa guerra, a pior estratégia é sitiar uma cidade.

Os equipamentos para atacá-la demoram três meses para serem preparados. Outros três meses são necessários para construir os pontos de cerco.

Quem ataca com pressa ou fúria, sem estar preparado, vai perder um terço de seus soldados. Isso será uma calamidade.

O verdadeiro Mestre da Guerra domina um exército sem lutar; conquista uma cidade sem cercá-la; derruba um Estado sem se demorar muito.[9]

9. Aqui, parece que Sunzi utiliza o conceito de "Não-ação" (Wuwei), proposto pelos daoístas. "Wuwei" não significa exatamente, porém, "Não–ação"; sua melhor tradução seria "movimento natural", um movimento que denota o fim em si mesmo da razão da ação.

A verdadeira Lei da Guerra consiste em conquistar tudo de modo intato, sem esgotar as forças. Essa é a Lei da Estratégia de Ataque.

Por essas razões, a aplicação da Lei da Estratégia de Ataque é a seguinte: quando suas forças são dez vezes mais fortes, cerca o inimigo; quando são cinco, ataca-o; quando duas vezes mais fortes, divide-o; se iguais, arrisque; se são menores, retire-se; se são bem inferiores, foge e evite-os. Um bando obstinado é sempre presa de um exército maior.

O general é o defensor do seu reino. Um Estado forte lhe dá poder, um fraco o põe na defensiva.

Por isso, existem três maneiras pelas quais um governante leva o exército ao desastre:

1. *Quando ordena que ele avance no momento de se retirar ou quando ordena que se retire no momento de avançar. Isso se chama "amarrar o exército".*

2. *Quando ignora assuntos militares, mas interfere neles, perturbando seu desenrolar.*

3. *Quando se intromete na cadeia de comando, ignorando seus problemas e instaurando a incerteza entre os oficiais.*

O exército ficará confuso e inseguro, os inimigos iniciarão suas intrigas; isso se chama "um exército confuso dá a vitória ao inimigo".

Há cinco modos de saber quem será o vencedor:

1. *Saber quando lutar e quando não lutar.*

2. *Saber discernir quando utilizar muitas ou poucas tropas.*

3. *Saber quem tem tropas superiores e inferiores com igual motivação.*

4. *Saber que se deve estar preparado e atacar o inimigo desprevenido.*

5. *Ter generais capazes que não sejam limitados por burocratas.*

Essas são as cinco maneiras de conhecer o futuro vencedor.

Sunzi disse:

Conheça a si mesmo e ao inimigo e, em cem batalhas, você nunca correrá perigo.

Conheça a si mesmo, mas desconheça seu inimigo, e suas chances de ganhar e perder são iguais.

Desconheça a si mesmo e ao inimigo e você sempre correrá perigo.

IV

PREPARAÇÃO

"A invencibilidade está na defesa; a vulnerabilidade, no ataque."

Sunzi disse:

Nos tempos antigos, os grandes guerreiros se tornavam invencíveis primeiro, e depois buscavam as falhas de seus inimigos.

Ser invencível significa conhecer a si mesmo, ser vulnerável significa conhecer ao outro.

Por essas razões, um guerreiro pode ser invencível, mas não pode tornar o inimigo vulnerável.

Por isso se diz: pode-se prever uma vitória, mas não forjá-la.[10]

A invencibilidade está na defesa; a vulnerabilidade, no ataque.

Quem tem poucas forças se defende, quem tem bastante ataca. A defesa é para tempos de escassez, o ataque para tempos de abundância.

Os especialistas em defesa se escondem nas profundezas da terra; os em ataque, no mais alto do céu. Dessa maneira podem proteger-se e conseguir a vitória total.

Prever a vitória quando qualquer um pode conhecer não constitui a verdadeira habilidade. Muitos elogiam a vitória ganha em batalha, mas esta não é boa.

Não precisa muita força para levantar um cabelo, não é necessário ter uma vista aguda para ver o sol e a lua,

10. Nos capítulos posteriores, notem que Sunzi dirá o contrário.

nem se necessita ter muito ouvido para escutar o retumbar do trovão.

O que todo mundo conhece não se chama sabedoria; a vitória sobre os demais obtida por meio da batalha não se considera uma boa vitória.

Nos tempos antigos, os bons guerreiros venciam quando era fácil vencer. Por essa razão, as vitórias conseguidas por eles não trouxeram reputação, sabedoria, mérito ou distinção.

Suas vitórias não foram casuais, não dependeram da sorte, nem foram notadas como atos de bravura. Elas já existiam, e simplesmente consistiram em se impor sobre quem já havia perdido.

O bom guerreiro toma posição onde não pode perder e atenta ao que leva o inimigo à derrota.

Um exército vitorioso ganha primeiro e luta depois, um perdedor luta primeiro e tenta obter a vitória depois.

Os que são hábeis com armas cultivam o caminho e observam as leis. Assim, podem se impor sobre a corrupção.

As regras da Lei da Guerra são cinco: mensuração das coisas, avaliação, cálculo, comparação e vitória. As mensurações das coisas dão lugar às avaliações; estas, aos cálculos; da comparação dos cálculos, se antevê a possibilidade de vitória.

Um exército vitorioso é como um peso de quilos comparado a um grão; um exército derrotado, como um grão comparado a quilos.

Aquele que vence leva seu povo à guerra como uma torrente de água segue em meio de um abismo profundo; tudo é questão de preparação.

V

PROPENSÃO[11]

"Governar sobre muitos é o mesmo que sobre poucos: é uma questão de organização."

11. Outras versões utilizam a palavra "energia", ou "disposição". Discordo plenamente: o ideograma utilizado aqui denota uma tendência, uma propensão decorrente de um potencial natural de acontecimento. Daí minha opção.

Sunzi disse:

Governar sobre muitos é o mesmo que sobre poucos: é uma questão de organização.

Controlar muitos é o mesmo que controlar poucos: é uma questão de formação e de sinais.

Tornar um exército capaz de lutar contra o inimigo e não perder é uma questão de método. Existem os métodos tradicionais e os não tradicionais.

Para que o efeito das forças seja como o de pedras jogadas sobre ovos, deve-se utilizar o método do cheio e do vazio.

Quando se inicia uma batalha de maneira direta, a vitória se ganha por surpresa.

O tradicional é o ataque direto. O ataque inesperado é não tradicional.

Os hábeis no ataque inesperado são infinitos como o céu e a terra, e inesgotáveis como os rios. Quando o fim chega, eles se renovam, como os dias e meses; são cíclicos, como as quatro estações.

Existem apenas cinco notas na escala musical, mas suas combinações são inimagináveis; somente cinco cores básicas, mas nunca vimos todas as suas misturas; há cinco sabores, mas suas variações são ilimitadas.

Só há dois tipos de ataques numa batalha: o tradicional direto e o não-tradicional inesperado. Suas variações não têm fim. Ambos se engendram mutuamente, num ciclo sem fim. Quem poderá esgotá-los?

A força do ataque é como a torrente d'água que consegue mover as pedras. A precisão é como a velocidade fulminante do falcão.

O mesmo se dá com o guerreiro habilidoso. Sua força e precisão são perfeitas. Sua força é como a de uma besta retesada; sua precisão, como um disparo certeiro.

A desordem provém da ordem, a covardia surge da coragem, a debilidade nasce da força.

Ordem e desordem dependem da organização; covardia e coragem da vontade; força e fraqueza, da preparação.

Os que são hábeis na Lei da Guerra fazem o inimigo se mover segundo sua vontade, criando situações desvantajosas para ele. Atraem-no com ilusões de vitória e o emboscam numa armadilha fatal.

Por essas razões, o bom guerreiro sabe vencer sozinho. Ele busca eficácia no ímpeto, e não nas pessoas. Ele escolhe os soldados apropriados para a missão, e deixa que a propensão siga seu curso.

Deixar que as pessoas lutem pelo ímpeto é como deixar rolar toras ou rochas; num lugar plano, elas ficam paradas;

num terreno inclinado, elas se movem; se são quadradas, não se mexem; se são redondas, rolam.

Se as pessoas forem levadas a lutar pelo ímpeto, serão como rochas e toras que rolam do cume da montanha. Isso é propensão.

VI

O CHEIO E O VAZIO

“O BOM GUERREIRO ATRAI O INIMIGO PARA SI E NUNCA INICIA O COMBATE.”

Sunzi disse:

Os que chegam primeiro ao campo de batalha e esperam o adversário estão em posição vantajosa. Os que chegam por último e iniciam a luta terminam esgotados.

O bom guerreiro atrai o inimigo para si e nunca inicia o combate.

O inimigo é atraído pela oportunidade e se afasta diante do perigo.

Quando o inimigo estiver à vontade, incomode-o; quando bem alimentado, deixe-o com fome; quando descansado, faça-o se mover.

Apareça de modo inesperado; atice-o constantemente.

Para percorrer Mil Li[12] sem cansaço, vá por lugares desabitados.

Para tomar o que se ataca, ataque onde não há defesa; para se defender, defenda-se onde o inimigo não parece atacar.

Por essas razões, os inimigos não sabem se defender dos especialistas em ataque, nem sabem como atacar os especialistas em defesa.

Seja extremamente sutil, mesmo invisível. Seja misterioso, inaudível e atue de modo a controlar o destino do inimigo sem ser percebido.

12. Um Li = +/- 500 metros. Mas neste caso, a expressão significa "uma longa distância", e não uma medida precisa, como em outros momentos do texto.

Ataque suas brechas; retire-se velozmente.

Quando for atacar, mesmo que o inimigo esteja bem estabelecido, faça-o em lugares onde ele será forçado a se defender.

Pode-se evitar uma batalha simplesmente traçando uma linha no chão. O inimigo será guiado para o caminho errado.

Induza o inimigo a mostrar a formação dele e oculte a sua. Você estará concentrado e ele dividido.

Quando estiver concentrado, e ele dividido, ataque uma de suas partes, aproveitando a vantagem numérica.

O inimigo não deve saber onde você está. Ele irá preparar vários pontos de vigia, dispersando suas forças; assim, é possível atacar esses pontos sempre em superioridade numérica.

Se fortalecerem a vanguarda, a retaguarda estará exposta; se fortalecerem a retaguarda, a frente ficará exposta; se fortalecerem a ala direita, a esquerda fica fraca; se fortalecerem a esquerda, a direita enfraquecerá também; por fim, se o inimigo se preparar em todos os lados, ficará fraco em todos também.

Quem tem poucos consigo, deve ficar preparado para se defender; quem tem muitos, fará o inimigo se preparar adequadamente.

Quem sabe onde e quando será a batalha poderá marchar Mil Li e chegar ao campo em segurança. Quem não sabe onde ou quando será a batalha, verá sua ala esquerda perder a direita, a direita incapaz de salvar a esquerda, a vanguarda perder a retaguarda, e a retaguarda não poderá apoiar a vanguarda, mesmo que a distância seja pouca.

Mesmo que seus homens sejam numerosos, se não se conhece onde e quando se dará a batalha, como se pode esperar vencer?

Por isso se diz: "uma vitória pode ser construída".

Mesmo que o inimigo seja numeroso, pode-se evitar o embate.

Descubra a estratégia do inimigo; agite-o, incite-o a ação para descobrir seus padrões de movimento.

Induza-o a mostrar sua formação de batalha.

Atice-o, para descobrir suas fraquezas e forças.

A perfeição de um exército ocorre quando ele simplesmente parece não existir, e sua forma é incompreensível. Os espiões não o entenderão e os estrategistas não poderão fazer planos contra ele.

De acordo com as formas se fazem os planos de batalha, mas as pessoas não entendem isso. As pessoas conhecem as formas das vitórias, mas não o modo pelo qual elas são conquistadas.

A vitória na guerra não se repete, ela se adapta e varia sempre.

Tal como a água procura as profundezas e evita os cumes, um exército ataca o vazio e evita o cheio. A água se move de acordo com a terra; um exército se movimenta de acordo com o inimigo.

A água não tem forma constante; um exército também não. Por essas razões, pode-se dizer que quem alcança a vitória se adaptando às circunstâncias é alguém genial.[13]

Dos cinco agentes, nenhum predomina; nenhuma das quatro estações dura para sempre; os dias são às vezes longos, às vezes curtos; a lua nasce e míngua.[14]

13. Ideograma "Shen", ou "Espírito". Alguém, pois, "espiritualmente esclarecido" ou "genial".

14. Referência ao ciclo da natureza; tudo muda, o que se mantém é apenas o padrão de mudança. A estratégia também é assim: se adapta às circunstâncias. Essa é sua mais valiosa e única regra definitiva.

VII

MANOBRAS

"A GUERRA SE BASEIA NO ENGANO, SE FAZ PELO GANHO E SE ADAPTA PELA DIVISÃO E COMBINAÇÃO."

Sunzi disse:

A regra geral é de que um exército é mobilizado quando um governante convoca o general para uma missão. Ele recebe suas ordens, reúne as tropas e as mobiliza no quartel.

Nada é mais difícil do que o combate armado.

A Lei das manobras consiste em dominar as distâncias e transformar os problemas em vantagens.

Deve-se enganar o inimigo com vantagens ilusórias, para que ele se demore a chegar; se conseguirmos partir depois dele e chegarmos antes, esse é o domínio da estratégia da distância.

Por essas razões, as manobras são tanto perigosas quanto vantajosas.

Quem movimenta todo o exército em busca de vantagens, perde-as.

Quem se movimenta rápido, mas está despreparado, pode ganhar de um lado e perder de outro.

A mobilização rápida, que faz com que as tropas marchem dia e noite, sem parar, por cem Li de distância, verá seus comandantes serem aprisionados. Somente os soldados fortes chegarão a tempo; os fracos virão depois, e esgotados. Somente um décimo de todos estará pronto realmente para combater.

A mobilização rápida, que faz com que as tropas marchem dia e noite, sem parar, por cinquenta Li de distância, verá o chefe da vanguarda cair, e somente metade do exército chegará. Quase o mesmo se dará se a distância for de trinta Li: somente dois terços chegarão.

Um exército sem armas, provisões, alimentos e dinheiro não sobreviverá.

Quem desconhece os planos dos inimigos não pode fazer alianças seguras.

Quem desconhece as montanhas e as florestas, os desfiladeiros e passos, os pântanos e os charcos, não conseguirá manobrar seu exército. Use guias locais, ou perderá as vantagens do terreno.

A guerra se baseia no engano, se faz pelo ganho e se adapta pela divisão e combinação.

Em campanha, o exército deve ser rápido como o vento, marchar como uma floresta, ser voraz como o fogo e ser inamovível como a montanha.

Deve ser insondável como a escuridão e seu movimento deve ser como o estrondo do trovão.

Ao saquear as terras do inimigo, divida suas tropas; para expandir seu território, divida os proveitos.

Pondere a situação; depois, mova-se.

Aquele que domina a regra da distância e da proximidade vencerá. Esta é a Lei das Manobras.

Afirma-se em o *Livro da Ordem Militar*[15]:

Não se ouvem as palavras durante as batalhas, por isso existem os tambores e os gongos. É difícil enxergar os outros, por isso existem as bandeiras e os estandartes.

Tambores, gongos, bandeiras e estandartes servem para concentrar a atenção das tropas. Com elas, os corajosos não atacam sozinhos, e nem os fracos fogem. Essa é a regra para dominar a tropa.

Em batalhas noturnas, use muitas fogueiras e tambores; em batalhas diurnas, use muitas bandeiras e estandartes. Desse modo, pode-se controlar a audição e a visão das tropas.

Tire a energia do seu inimigo. Um comandante sem coragem acaba com o ânimo da tropa.

A energia da manhã é intensa, a do meio-dia diminui, e da noite faz ter saudades do lar. Quem conhece a Lei da Guerra evita combater de manhã, e prefere atacar ao meio-dia ou à noite. Isso é o controle das energias.

Utilize a ordem para enfrentar a desordem, utilize a calma para enfrentar os agitados. Isso é o controle do coração.[16]

Aguarde o inimigo cansado, que vem de longe e fatigado, na comodidade. Esteja saciado enquanto ele está faminto. Isso é controlar a força.

15. Sunzi faz referência a um livro anterior ao seu, atualmente desconhecido.

16. Na China Antiga, a ideia do Coração é igual à de Mente – entendia-se que ele era a sede de todas as emoções.

Evite o confronto com fileiras sólidas, não ataque uma tropa aguerrida e disciplinada. Isso é o controle das circunstâncias.

Regra fundamental: não ataque de frente para uma colina, nem se defenda de costas para um monte.

- Se ele foge, não o persiga.[17]
- Não ataque suas tropas de elite.
- Não prove de sua comida.
- Não detenha um exército de volta para casa.
- Deixe sempre uma saída de fuga.
- Não acosse um inimigo desesperado.

Essas são as Leis das Manobras.

17. Sunzi não está sendo cavalheiresco. A questão é que um exército desesperado motiva-se pela sobrevivência. Atacá-lo seria criar um problema desnecessário.

VIII

AS NOVE MUDANÇAS

"POR ESSAS RAZÕES, O GENERAL SÁBIO PONDERA, PESA O QUE HÁ DE FAVORÁVEL, DE DESFAVORÁVEL, E DECIDE O QUE É MAIS ACERTADO. AO LEVAR EM CONTA O QUE É FAVORÁVEL, TORNA O PLANO EXECUTÁVEL; AO LEVAR EM CONTA O QUE É DESFAVORÁVEL, SOLUCIONA AS DIFICULDADES."

Sunzi disse:

A regra geral para o início das operações militares consiste na convocação de um general pelo seu governante.

1. *Não acampe em terreno baixo.*

2. *Seja diplomático na fronteira; faça aliados.*

3. *Não fique em terra ruim.*

4. *Em terra inóspita, planeje.*

5. *Em campo de morte, lute.*

6. *Algumas vias não devem ser percorridas.*

7. *Alguns exércitos não devem ser atacados.*

8. *Algumas cidades não devem ser sitiadas.*

9. *Alguns terrenos não devem ser disputados.*

Existem ordens vindas do soberano que não devem ser obedecidas.[18]

Os generais que conhecem as nove mudanças sabem como empregar suas tropas.

Se não souberem, não conseguirão tirar proveito nem do terreno, nem das vantagens. Sem conhecer as nove mudanças,

18. Sunzi está sendo categórico: um general fiel não obedece uma ordem superior errada, que colocará seu rei em perigo. A maior fidelidade possível, portanto, é assumir a insubordinação e correr o risco para preservar as forças do soberano. Isso exige, porém, uma grande dose de sabedoria.

mesmo que conheçam suas tropas, nada de efetivo conseguirão alcançar.

Por essas razões, o general sábio pondera, pesa o que há de favorável, de desfavorável, e decide o que é mais acertado. Ao levar em conta o que é favorável, torna o plano executável; ao levar em conta o que é desfavorável, soluciona as dificuldades.

O que se tira dos adversários é o dano.

Mantenha-os ocupados com ação.

Motive-os com benefícios.

Mantenha-os sempre ocupados.

Não suponha que o inimigo não virá, esteja pronto para recebê-lo. Torne-se invencível.[19]

Cinco características são ruins em um general:

1. *Se temerário, morre logo.*

2. *Se covarde, é capturado.*

3. *Se exaltado, será humilhado.*

4. *Se moralista, será difamado.*

5. *Se bondoso, sofrerá.*

19. Disse Confúcio: "Não te suponhas tão grande a ponto de ver os outros menores que você".

Essas cinco características são fatais para generais e provocarão desastres nas campanhas.

A queda de um exército ou a morte de um general são resultados destas limitações. Há que ponderar profundamente sobre elas.

IX

SOBRE A MOVIMENTAÇÃO

“QUANDO HÁ INQUIETAÇÃO ENTRE OS SOLDADOS, O GENERAL JÁ PERDEU SUA AUTORIDADE.”

Sunzi disse:

Ao estacionar seu exército frente ao inimigo, atravesse as montanhas e mantenha-se nos vales. Fique no alto, a favor da luz.

Combata na colina, não suba para atacar. Isso basta para um exército acampado nas montanhas.

Quando atravessar um rio, afaste-se logo da margem. Não lute contra o inimigo enquanto ele estiver na água; deixe metade de seu exército sair e então, ataque-o.[20]

Não combata o inimigo perto da água. Fique a favor da luz. Permaneça num lugar elevado e acompanhe a correnteza. Isso serve para um exército na água.

Não demore para atravessar um pântano. Se o exército inimigo te atacar, fique junto à vegetação rasteira, de costas para as árvores. Isso serve para um exército no pântano.

Nos planaltos, busque espaço para manobrar, mantenha lugares altos à direita e atrás, e assim a vanguarda estará segura na parte mais baixa. Isso serve para os terrenos planos.

Por conhecer essas quatro condições básicas, o Imperador Amarelo venceu os Quatro Soberanos dos Tempos Antigos.[21]

Um exército deve escolher lugares altos, evitar os baixos, valorizar a luz e fugir da sombra.

---

20. Com certeza, esse comentário tem relação com a história do Duque de Song.

21. O Imperador Amarelo seria o fundador mítico da China, cuja vida teria transcorrido entre 2697-2597 a.C.

Deve se recompor e revigorar de modo firme. Quando não houver nenhuma doença entre as tropas, ele estará invencível.

Perto de colinas ou barragens, mantenha-as na parte de trás e à direita, ficando a favor da luz. Essa é a ajuda da terra.

Quando houver torrentes fortes nos rios, poços celestes[22] e correntezas fortes, espere até acalmar para atravessar.

Afaste-se de vales, precipícios, becos e desfiladeiros. Não se aproxime, mas fique de frente para eles e use-os contra seus inimigos para que fiquem forçosamente posicionados de costas.

Em terrenos cheios de correntes d'água, pântanos, juncos e vegetação fechada, o cuidado deve ser redobrado e uma exploração bem feita deve ser levada a cabo. É o lugar propício para emboscadas e espionagem.

Quando o inimigo está perto, mas calmo, está forte e preparado; quando o chama para a luta de longe, está em posição favorável.

Quando árvores se mexem, é porque o inimigo está marchando. Muitas marcas na vegetação rala podem ser uma armadilha ou pista falsa.

Pássaros voando significam emboscada; animais amedrontados, que uma tropa aguarda na tocaia; poeira densa no ar, carros que se aproximam; poeira baixa, soldados

22. Redemoinhos.

marchando; fumaça indica fogueiras e acampamentos; nuvens de pó suaves significam o mesmo.

Emissários inimigos com palavras doces e humildes estão se preparando para o ataque; emissários inimigos ríspidos e agressivos estão se preparando para fugir; emissários com justificativas razoáveis pretendem negociar.

Quando o inimigo pede paz sem uma proposta ou acerto, está preparando a traição.

Quando os carros ligeiros saem em primeiro lugar e se situam nos flancos, estão formando a frente de batalha.

Quando o inimigo dispõe rapidamente seus carros em filas de combate, é que está esperando reforços.

Quando metade das forças anda de um lado para o outro, avançando e recuando, estão tentando atrair para uma armadilha.

Quando os soldados se apoiam nas armas, estão famintos.

Quando os servidores de água bebem primeiro, a sede já tomou as fileiras.

Quando veem uma oportunidade, mas não a agarram, estão extenuados.

Quando as aves se juntam no acampamento inimigo, este está abandonado.

Quando há gritos no acampamento inimigo, à noite, significa medo.

Quando há inquietação entre os soldados, o general já perdeu sua autoridade.

Quando os emissários se irritam facilmente, é porque estão cansados.

Quando os estandartes se agitam constantemente, é porque estão desorganizados.

Quando comem seus cavalos, estão esfomeados; se as panelas se quebraram, estão desesperados.

Quando há muito murmúrio, ruminações e falta de disciplina, o general já perdeu a lealdade dos soldados.

Quando se distribuem recompensas abundantes, significa que estão no limite das forças.

Quando aplicam punições em demasia, que a indisciplina tomou conta da tropa.

Agir de modo violento e depois se recolher com medo da tropa é o cúmulo da inaptidão.

Emissários que chegam com palavras conciliatórias querem uma trégua.

Quando as tropas inimigas combatem com fúria, mas não atacam nem se retiram, observe-as cautelosamente.

Nos assuntos da Guerra, ter mais força não é totalmente vantajoso; evite atuar de modo agressivo.

Analise o inimigo; conquiste-o para si. Nada mais será preciso.

Quem entende isso será vitorioso; quem subestima esses conselhos será capturado.

Quando as tropas são castigadas antes que sua lealdade seja conquistada, elas não obedecerão ao líder.

Quando as tropas forem leais, se nunca forem castigadas corretamente, serão insubmissas.

Trate-os com cortesia, e incuta neles o ardor marcial. A vitória estará garantida.

Quando as ordens dadas são claras e visam à instrução dos soldados, a tropa será obediente.

Quando as ordens dadas forem confusas, sem um sentido apropriado, a tropa será desobediente.

Quando as ordens são confiáveis e justas, elas serão cumpridas, estando o líder e a tropa em comum acordo.

X

O TERRENO

"O BOM GENERAL CUIDA DOS SEUS COMO CRIANÇAS, E ESTES O SEGUEM ATÉ O MAIS PROFUNDO DOS VALES. TRATA OS SOLDADOS COMO FILHOS, E ESTES MORRERÃO AO SEU LADO."

Sunzi disse:

Os terrenos podem ser classificados como: acessíveis, tortuosos, indecisos, apertados, acidentados ou distantes.

- *Quando é fácil se deslocar, o terreno é chamado de acessível. Assuma posição primeiro nele, na parte alta e ensolarada; assim se pode obter vantagem sobre as linhas do inimigo.*

- *Quando o terreno é fácil de sair, mas difícil de entrar, é chamado de tortuoso. Nele, se o inimigo estiver despreparado, com um simples golpe se pode vencê-lo; mas se ele estiver bem preparado, e não for vencido, seu exército estará em perigo. Evite-o.*

- *Quando o terreno é desvantajoso para ambos, é chamado de indeciso. Se o inimigo te oferece uma vantagem, recuse-a, é uma armadilha; retire-se, atraia-o, e então ataque.*

- *Quando o terreno é estreito, é chamado de apertado. Chegando primeiro, ocupe-o todo e espere o inimigo. Se ele chegar primeiro, não o siga. Somente o siga se ele não o ocupar todo.*

- *Quando o terreno é ruim, é chamado de acidentado. Ocupe primeiro o lugar mais alto e ensolarado. Se o inimigo tiver feito isso antes, retire-se e não o siga.*

- *Quando o terreno é largo, é chamado de distante. Nesse terreno aberto, se as forças do inimigo são iguais as nossas, não é favorável lutar, nem atacá-lo.*

É fundamental que um general conheça essas seis condições sobre os terrenos, e elas devem ser examinadas com cuidado.

Quando as tropas se mostram insubordinadas, preguiçosas, negligentes ou confusas, é culpa do general e não de fatores naturais.

1. *Quando há uma batalha, se um exército ataca outro dez vezes maior, obviamente terá que fugir.*

2. *Quando os soldados são fortes, mas os oficiais fracos, o exército é insubordinado.*

3. *Quando os oficiais são corajosos, mas os soldados fracos, o exército é preguiçoso.*

4. *Quando os oficiais combatem movidos pela raiva, e os soldados vão à luta de modo inconsequente, o exército é negligente.*

5. *Quando o general é fraco, sem autoridade junto aos soldados, suas regras são confusas e sua moral é baixa, o exército é confuso.*

6. *Quando o general não faz os devidos cálculos preparativos e se lança à batalha de modo imprevisível, a derrota será certa.*

Essas são as seis condições que levam um general à derrota. Deve-se estudá-las atentamente.

A conformação do terreno é de vital importância na batalha. Estude o inimigo, meça corretamente as distâncias, avalie as dificuldades e perigos. Quem faz esses cálculos vence; quem não faz, perde.

Quando as Leis da Guerra apontam para a vitória, conquiste-a, mesmo que o governante não autorize.

Quando as Leis da Guerra indicam a derrota, não o faça, mesmo que o governante tenha ordenado.

Um bom general avança sem desejar glória, e se retira sem temer os castigos. Seu desejo é, apenas, o de proteger o povo e cuidar do soberano. Um general assim é um bem precioso para o Estado.

O bom general cuida dos seus como crianças, e estes o seguem até o mais profundo dos vales. Trata os soldados como filhos, e estes morrerão ao seu lado.

Um general que seja condescendente com seus soldados, mas não os utiliza, se os ama, mas não obtém deles o respeito, significa que seu exército é inútil e mimado, e de nada presta.

Quando se sabe que é possível enfrentar o inimigo, mas se ignora se ele é invulnerável, só se tem metade das chances de vencer.

Quando se sabe que o inimigo é vulnerável, mas se ignora se o próprio exército é capaz de fazê-lo, só se tem metade das chances de vencer.

Quando se sabe que o inimigo é vulnerável, que suas tropas podem atacá-lo, mas se desconhece o terreno, então, só se tem metade das chances de vencer.

Os que conhecem as Leis da Guerra não se perdem nem se gastam. Suas possibilidades são ilimitadas.

Quem conhece a si mesmo e conhece o inimigo, pode garantir a vitória; quem conhece o tempo e o terreno, a alcançará de modo absoluto.

XI
OS NOVE TERRITÓRIOS

“A velocidade é fundamental na Guerra.”

Sunzi disse:

Conforme as leis das operações militares, existem nove tipos de território: disperso, fronteira, chave, aberto, interseção, perigoso, difícil, cercado e mortal.

1. *Território disperso é aquele em que os grupos locais lutam entre si.*

2. *Território de fronteira é aquele em que se penetra, mas não muito.*

3. *Território chave é aquele igualmente vantajoso para ambos os exércitos.*

4. *Território aberto é aquele em que todos entram e saem como desejam.*

5. *Território de interseção é aquele no qual um país está cercado por três outros Estados inimigos. Quem se apodera dele primeiro conquista a "vantagem celeste".*

6. *Território perigoso é aquele no qual se penetra fundo em terras estranhas, deixando para trás muitas vilas inimigas.*

7. *Território difícil é aquele que atravessa montanhas, bosques, precipícios, alagados, pântanos, e é cansativo de atravessar.*

8. *Território cercado é aquele apertado e sinuoso, no qual uma pequena tropa inimiga pode atacar, mesmo estando em inferioridade.*

9. *Território mortal é aquele no qual um exército só sobrevive se lutar desesperadamente.*

Não lute em territórios dispersos; não pare em territórios de fronteira; não ataque um território chave; não interfira em território abertos; em territórios de interseção, faça alianças; em território perigoso, saqueie; em território difícil seja rápido; em territórios cercados faça planos; em territórios mortais, lute.

Por essas razões, um bom general estuda atentamente os nove tipos de territórios.

Nos tempos antigos, aqueles que eram considerados bons estrategistas faziam com que o inimigo perdesse contato entre sua vanguarda e sua retaguarda, a confiança entre os grandes e os pequenos, a cooperação mútua, o entendimento entre oficiais e subalternos. Atacavam quando era vantajoso, se retiravam quando não o era.

Quando se faz a pergunta: "Um inimigo forte, poderoso e bem organizado está para me atacar. O que devo fazer?", a resposta é: "Esconda o que eles desejam e então negocie".

A velocidade é fundamental na Guerra. Aproveite o despreparo do inimigo. Manobre por áreas inesperadas, ataque de surpresa.

Numa invasão, quanto mais forte é a penetração de um exército, mais violento ele fica, até que o governo do país invadido não possa mais reagir.

Saqueie os campos para obter provisões. Não se canse inutilmente. Inspire ânimo em suas forças. Faça planos secretos e insondáveis.

Situe as tropas num território mortal, para que elas não tenham saídas e lutem ferozmente. Os guerreiros darão o melhor de suas forças. Diante do inesperado, podem o impossível; não temerão o perigo, e ficarão firmes. Sem opção, lutarão até a morte.

Com um exército assim, poucas regras são necessárias. Não é necessário ordenar aos soldados que sejam vigilantes. O general tem o seu apoio, sem pedir; tem sua dedicação, sem a exigir; tem sua lealdade e amizade espontaneamente.

Proíba os oráculos para não instaurar dúvida.[23]

Se os soldados não têm riquezas, não quer dizer que não as apreciam. Se desprezam a duração da vida, não quer dizer que não gostam dela. Quando recebem a ordem para marchar, choram de molhar as roupas.

Mas no momento de perigo, sua coragem será igual a dos heróis Chuan Chu e Cao Guei.[24]

Uma operação militar deve ser como uma cobra veloz, que quando tocada na cabeça, ataca com a cauda; quando tocada na cauda, ataca com a cabeça e que quando é tocada no meio, ataca com a cabeça e com a cauda.

---

23. Previsões ruins podem desanimar a tropa; por essa razão, o controle da informação é fundamental. Até mesmo os augúrios, portanto, devem ser proibidos.

24. Heróis da China Antiga famosos pela bravura indômita e audácia intempestiva.

Pode-se então treinar um exército para ser como a cobra? A resposta é sim! Os homens de Wu e de Yueh[25] se odeiam, mas se estiverem num barco a adernar, no meio de uma ventania, vão ajudar um ao outro para se salvarem.

Cavalos coxos e rodas emperradas não são suficientes nessas situações.[26]

O caminho da ordem militar é igualar os feitos de bravura, e torná-los regra. O sucesso em administrar as tensões está na adaptação constante.

Para que uma guerra seja bem sucedida, obtenha cooperação do grupo, sejam um só.

Um general deve ser silencioso, sereno, inescrutável e imparcial.

Ele nunca deve deixar os soldados saberem seus planos.

Ele modifica seus planos e ações, age de modo peculiar. Muda lugares e rotas, altera suas ordens, de modo que ninguém saiba o que está fazendo.

Leva os soldados ao limite de suas forças.

Em território inimigo, adentra profundamente, e lá, ele dispara o gatilho.[27]

---

25. Dois reinos rivais da época dos Estados Combatentes.

26. Expressão que significa: deve-se usar os expedientes necessários para controlar a fuga da tropa.

27. Ou seja, libera a tensão acumulada na besta e dispara a flecha. Nesse momento, os soldados dão vazão aos seus ímpetos guerreiros em toda plenitude.

Ele queima os seus barcos e quebra as panelas. Dirige o exército como um bando de carneiros, de um lado para o outro, sem que ninguém saiba exatamente aonde ele vai.

Ele marca as datas da campanha, e uma vez que o exército está pronto, corta o seu regresso tal como se tira uma escada debaixo dos pés.

Um general deve examinar de tudo: deve colocar suas forças em situações de perigo, a fim de testá-las. Deve treinar sua adaptação constante, concentrar e dispersar, o cheio e o vazio.

Quem ignora os planos dos Estados vizinhos não pode fazer alianças em tempo hábil; quem ignora as montanhas, as florestas, os desfiladeiros, os charcos e pântanos não pode comandar o avanço do exército; quem não usa guias locais perde tempo e vantagem. Um general que ignora isso é um incompetente. Ele não deve assumir o comando do exército Real.

Quando um rei ataca um Estado poderoso, tudo deve ser feito para evitar que o inimigo possa se concentrar. Intimide-o; evite que outros se aliem a ele.

Sem coligações, sua luta será simplificada; do mesmo modo, os outros Estados não adquirirão poder. Intimide os oponentes, e assim se pode conquistar suas cidades e aniquilar suas forças.

Para que o exército seja como um só homem, dê prêmios generosos, emita ordens inesperadas. Desse modo, se terá o controle total das tropas.

Faça com que cumpram as tarefas sem saber as razões. Use os soldados para conseguir vantagens sem lhes revelar os perigos; coloque-os em situação de perigo e eles sobreviverão; coloque-os no terreno da morte, e eles lutarão. Em tais situações, um exército converte a derrota certa numa vitória inesperada.[28]

O mais difícil nas operações militares consiste em enganar o inimigo, fazendo-o crer que foram aceitas suas exigências.

Concentre suas forças a Mil Li, e poderá matar o general inimigo. Isso é o máximo da habilidade e técnica militar.

No dia do ataque, suprima os documentos pessoais, bloqueie as passagens, não atenda os emissários do inimigo e todos os assuntos serão tratados no Templo da Guerra.[29]

Aproveite as brechas do inimigo e antecipe suas ações. Aja em segredo, e siga os planos secretos. Adapte-se, mantenha a ordem e vença.

No início, seja tímido como uma donzela; quando o inimigo der uma abertura, seja rápido como a lebre. O inimigo não poderá impedi-lo de entrar.

---

28. Aqui fica clara a contradição do texto de Sunzi; nos capítulos anteriores, o objetivo era preservar as forças; agora, ele ensina como lutar melhor, o que consistiria em colocar as tropas numa situação de desespero. Uma análise crítica nos permite supor que Sunzi está falando de situações diferentes ou, que o texto foi construído a partir de partes separadas.

29. Essa é a Teoria do Ataque Surpresa, a mesma utilizada pelos japoneses em Pearl Harbor, na 2ª Guerra Mundial.

XII

ATAQUE COM FOGO

"UM SOBERANO NÃO PODE CONVOCAR O EXÉRCITO SÓ POR RAIVA, E UM GENERAL NÃO PODE LUTAR APENAS POR VINGANÇA. UMA PESSOA COM RAIVA PODE RECUPERAR A SERENIDADE, E O RESSENTIDO PODE SER APAZIGUADO, MAS UM ESTADO ARRUINADO NÃO SE RECUPERA, E OS MORTOS NÃO PODEM VOLTAR À VIDA."

Sunzi disse:

Existem cinco meios de atacar com fogo: queimar pessoas, provisões, equipamentos, arsenais e ataques incendiários[30].

O uso do fogo deve ser manejado com cuidado. O equipamento para fazê-lo deve estar sempre à mão.

Há dias apropriados para fazer fogo. É quando o clima está seco, o calor escaldante e os ventos fortes.

É importante acompanhar o movimento do fogo. Quando ele irrompe no acampamento inimigo, inicie o ataque. Se tudo estiver calmo, porém, fique aguardando.

Quando o fogo atingiu o máximo, avance; se não puder fazê-lo, aguarde.

Ateie fogo nas imediações do acampamento inimigo, e não será necessário esperar o incêndio do lado de dentro.

Se o fogo for ateado a favor do vento, não ataque contra o vento.

Se o vento soprar durante o dia, cessará à noite.

Deve-se conhecer os cinco meios de ataque com fogo, e estar sempre vigilante com sua execução.

Quem utiliza o fogo em seus ataques é inteligente; quem utiliza as inundações é poderoso.

30. Neste caso, com flechas ou projéteis inflamados.

A água pode isolar o inimigo, mas não destrói suas provisões e equipamentos.

Vencer as batalhas, mas não aproveitar as vantagens advindas, se chama "atraso dispendioso".

Por isso se diz: "bons governantes deliberam planos, e bons generais os executam".

Aja somente dentro dos interesses do Estado; se não pode vencer, não lute; se estiver em perigo, não lute.

Um soberano não pode convocar o exército só por raiva, e um general não pode lutar apenas por vingança. Uma pessoa com raiva pode recuperar a serenidade, e o ressentido pode ser apaziguado, mas um Estado arruinado não se recupera, e os mortos não podem voltar à vida.

Por essas razões, o governante sábio é prudente, e o bom general é ponderado. Assim o Estado ficará seguro, e o exército ficará firme.

XIII

O USO DE ESPIÕES

“Somente um soberano sábio e um general habilidoso são capazes de utilizar pessoas inteligentes como espiões e empregá-los, garantindo a realização de grandes feitos.”

Sunzi disse:

Quando se forma um exército de cem mil homens, e ele é enviado para uma terra distante, as despesas do povo e do governo ultrapassam mil moedas de ouro por dia. Haverá comoção no país e no exterior, as pessoas ficarão esgotadas pelas requisições de aprovisionamento e a vida de setecentas mil casas será alterada.

Aquele que persegue a vitória durante muitos anos numa batalha decisiva, mas deseja apenas riquezas, postos ou honrarias, é um ignorante desumano. Não é um general, nem mesmo um apoio do soberano ou um mestre da vitória.

Um governante esclarecido e um general sábio são vencedores porque suas ações se baseiam em sua vidência.

A vidência não pode ser alcançada por meio de espíritos, nem deuses, nem por analogia com o passado, nem mesmo por cálculos; depende, exclusivamente, dos homens que conhecem o inimigo.

Existem cinco tipos de espiões: o espião nativo, o espião interno, o agente duplo, o espião dispensável e o espião vivo. Quando estão todos em atividade, ninguém sabe onde estão operando; são chamados de "trama celeste", e são um dos tesouros do soberano.

Os espiões nativos são camponeses do povo inimigo a serviço do nosso exército.

Os espiões internos são oficiais inimigos empregados em nosso exército.

Os espiões duplos são espiões inimigos que empregamos em nosso exército.

Os espiões dispensáveis são espiões nossos a quem entregamos, de propósito, informações falsas.

Espiões vivos são aqueles que voltam com informações sobre o inimigo.

No exército, os espiões devem ser íntimos do comandante. Devem ter os melhores prêmios. Seus assuntos são totalmente confidenciais.

Quem não for sábio ou esperto, humano e justo, não pode usar espiões. Quem não for delicado e sutil não vai conseguir nenhuma informação deles.

O uso da espionagem é um tema delicado, muito delicado! Não existe lugar em que a espionagem não possa ser empregada.

Quando se quiser atacar um exército, sitiar uma cidade, assassinar uma pessoa, deve-se conhecer os nomes dos comandantes, dos oficiais, dos guardiões, dos pajens e dos guardas pessoais. Os espiões devem ser instruídos ao máximo nestes detalhes.

É indispensável descobrir os espiões que trabalham para o inimigo; suborna-os, e tente fazê-los passar para o seu lado. Cuide bem deles e os oriente. Eles se tornarão espiões duplos.

Os espiões duplos são aqueles que aliciam espiões nativos e internos.

Por meio deles, podem ser enviados espiões dispensáveis, com informações erradas, para o seio do inimigo.

Por meio deles, pode-se também empregar os espiões vivos, quando for necessário.

O soberano deve conhecer pormenorizadamente as atividades de seus cinco tipos de espiões. Esse conhecimento advirá dos espiões duplos, e por essa razão eles devem ser tratados com o máximo de atenção.

Nos tempos antigos, a dinastia Yin ascendeu graças a Yi Chih, que antes servia aos Xia; e os Zhou chegaram ao poder graças a Luyu, servo dos Yin.[31]

Somente um soberano sábio e um general habilidoso são capazes de utilizar pessoas inteligentes como espiões e empregá-los, garantindo a realização de grandes feitos. As operações secretas são fundamentais na guerra, e delas dependem a movimentação do exército.

31. Yi Chih e Luyu foram nobres dessas duas cortes, e a afirmação de Sunzi era bastante incômoda na época, por contrariar uma tradição historiográfica e moralista; contudo, é provável que tenham, realmente, agido como espiões duplos.

Cronologia da China

DINASTIA	PERÍODO
Xia	Cerca de 2000-1500 A.C.
Shang	1700-1027 A.C.
Zhou do Oeste	1027-771 A.C.
Zhou do Leste	
770-476 a.C. – período de Primavera e Outono	770-221 A.C.
475-221 a.C. – período dos Estados Guerreiros	
Qin	221-207 A.C.
Western Han	206 A.C. - 9 D.C.
Xin (Wang Mang interregnum)	D.C. 9-24
Han do Leste	D.C. 25-220
Três Reinos	
220-265 – Wei	
221-263 – Shu	D.C. 220-280
229-280 – Wu	
Jin do Oeste	D.C. 265-316
Jin do Leste	D.C. 317-420
Dinastias do Norte e do Sul	D.C. 420-588
Dinastias do Sul	
420-478 – Song	
479-501 – Qi	
502-556 – Liang	
557-588 – Chen	D.C. 581-617
Dinastias do Norte	
386-533 – Wei do Norte	
534-549 – Wei do Leste	
535-557 – Wei do Oeste	

DINASTIA	PERÍODO
550-577 – Qi do Norte	
557-588 – Zhou do Norte	
Sui	D.C. 618-907
Tang	D.C. 907-960
Five Dynasties	
907-923 – Later Liang	
923-936 – Later Tang	
936-946 – Later Jin	D.C. 907-979
947-950 – Later Han	
951-960 – Later Zhou	
Ten Kingdoms	
Song	
960-1127 – Northern Song	D.C. 960-1279
1127-1279 – Southern Song	
Liao	D.C. 916-1125
Xia do Oeste	D.C. 1038-1227
Jin	D.C. 1115-1234
Yuan	D.C. 1279-1368
Ming	D.C. 1368-1644
Qing	D.C. 1644-1911
República da China (no continente chinês)	D.C. 1911-1949
República da China (no Taiwan)	D.C. 1949-
República Popular da China	D.C. 1949-

ANOTAÇÕES DO LEITOR

A Arte da Guerra é uma das ferramentas mais valiosas para o crescimento pessoal e profissional nos dias atuais. Comece a planejar suas metas e objetivos baseados nos mandamentos e estratégias fundamentais para alcançar o sucesso.

APLICABILIDADES DOS ENSINAMENTOS DE SUN TZU NA VIDA PESSOAL

Sun Tzu

Sun Tzu

SUN TZU

SUN TZU

Sun Tzu

Sun Tzu

APLICABILIDADE DOS ENSINAMENTOS DE SUN TZU NA VIDA PROFISSIONAL

SUN TZU

Sun Tzu

Sun Tzu

Sun Tzu

Sun Tzu

APLICABILIDADE DOS ENSINAMENTOS DE SUN TZU NOS ESTUDOS

Sun Tzu

Sun Tzu

Sun Tzu

Sun Tzu

INFORMAÇÕES SOBRE A

GERAÇÃO EDITORIAL

Para saber mais sobre os títulos e autores
da **GERAÇÃO EDITORIAL**,
visite o *site* www.geracaoeditorial.com.br
e curta as nossas redes sociais.

Além de informações sobre os próximos lançamentos,
você terá acesso a conteúdos exclusivos
e poderá participar de promoções e sorteios.

geracaoeditorial.com.br

/geracaoeditorial

@geracaobooks

@geracaoeditorial

Se você quiser receber informações por
e-mail, basta enviar uma mensagem para
geracao@geracaoeditorial.com.br

Gostou do livro que terminou de ler? Aponte a câmera de seu celular para o QR Code e descubra um mundo para explorar.

GERAÇÃO EDITORIAL
Rua João Pereira, 81 – Lapa
CEO: 05074-070 – São Paulo – SP
Tel: (+ 55 11) 3256-4444
E-mail: geracaoeditorial@geracaoeditorial.com.br